Sandra Kraft

Plastisches Gestalten mit Ton. Die Wulsttechnik

GRIN Verlag

Bibliografische Information der Deutschen Nationalbibliothek:

Die Deutsche Bibliothek verzeichnet diese Publikation in der Deutschen National-
bibliografie; detaillierte bibliografische Daten sind im Internet über http://dnb.d-
nb.de/ abrufbar.

Impressum:

Copyright © 2014 GRIN Verlag GmbH
Druck und Bindung: Books on Demand GmbH, Norderstedt Germany
ISBN: 978-3-656-72706-4

Dieses Buch bei GRIN:

http://www.grin.com/de/e-book/279620/plastisches-gestalten-mit-ton-die-wulsttech-
nik

Hausarbeit zum Thema:

Plastisches Gestalten mit Ton
- Die Wulsttechnik -

Sandra Kraft

Bachelor Soziale Arbeit
Fachbereich Sozialwesen
2. Fachsemester - SoSe 2014
Schriftliche Teilprüfung
Modul: Keramik – Plastisches Gestalten

Abgabedatum: 12.05.2014

1. Einleitung

Töpferwaren sind im Alltag der Menschen kaum wegzudenken. Blumentöpfe, Geschirr, Dachziegeln, Vasen oder Skulpturen sind praktische Dinge, die wir Tag für Tag nutzen oder schöne Dinge, an denen wir uns einfach nur erfreuen. Keramik entsteht aus dem natürlich vorkommenden Material Ton. Dieses Rohmaterial ist sehr vielseitig, im feuchten Zustand lässt es sich hervorragend formen und im trockenen Zustand behält er diese Form bei. Wird er anschließend großer Hitze ausgesetzt, entsteht eine stabile unwiderrufliche Veränderung. Erst nach diesem Verfahren des Verformens und Erhitzens, spricht man von Keramik (vgl. BIRKS 2005, S. 8). Bei der plastischen Gestaltung mit Ton wird eine Vielzahl von strukturierenden Techniken angewandt. Die sogenannte Wulsttechnik hat mich sehr inspiriert, so dass ich diese im Folgenden näher erläutern werde. Beginnend mit dem Aufbau eines Gefäßes mit Tonwülsten (lang gerollte Tonschlangen) über das Glasieren bis hin zu dem endgültigen Brennvorgang. Meine eigenen Erfahrungen des praktischen Gestaltens mit dieser Technik werden anschließend reflektiert. Des Weiteren ist es interessant zu erfahren, welche Fähigkeiten durch den Gestaltungsprozess gefördert bzw. gefordert werden. Die Einsatzmöglichkeiten der Wulsttechnik in der sozialen Arbeit, mit deren Grenzen und Eignungen, werden abschließend beschrieben.

2. Die Wulsttechnik

2.1 Das Aufbauen eines Gefäßes mit Tonwülsten

Diese Technik des plastischen Gestaltens mit Ton wird sehr oft für das Anfertigen von großen und schweren Gefäßen verwendet. Rundformen lassen sich ebenfalls mit der Wulsttechnik sehr gut verwirklichen (vgl. BIRKS 1983, S. 103). Die Vorbereitung beinhaltet vor allem das Aufbereiten des zu verarbeitenden Rohmaterials. Eine gleichmäßige Konsistenz ohne Luftbläschen oder Verunreinigungen sowie die erforderliche Plastizität sind unerlässlich für eine optimale Weiterverarbeitung (vgl. COSENTINO 1991, S. 59). Vorhandene Luftblasen würden das Gebilde beim Brennen sprengen, denn Luft dehnt sich stärker aus als Ton (vgl. KEẞLER/WIELAND 2005, S. 126). Für das Anwenden der Wulsttechnik eignet sich am besten ein weicher und elastischer Ton, um ihn gut rollen und formen zu können. Diesen erhält man beispielsweise mithilfe eines Tonschneiders. Dazu wird der Ton in eine Trommel gedrückt, in der er durch drehende Messer zerschnitten wird und durch das Mundstück gepresst heraustritt. Schließlich kann man die gewünschte Menge mit dem daran befestigten Draht abtrennen. Tonschneider sind hauptsächlich im Inventar von größeren Keramikwerkstätten oder Tonherstellern zu finden. Die erforderliche Plastizität erlangt man aber ebenso durch kräftiges durchkneten und schlagen des Tonmaterials (vgl. COSENTINO 1991, S. 59). Im Vorfeld sollte man sich eine klare Vorstellung der gewünschten Größe machen und darauf achten, dass der Ton beim Trocknen und Brennen noch einmal schrumpft, so dass die Gesamtschwindung am Ende etwa 10 bis 15 Prozent beträgt (vgl. BIRKS 1983, S. 11).

Zum Aufbauen eines Gefäßes mit Tonwülsten muss zunächst einmal ein gleichmäßig dickes Bodenstück geformt werden. Hierzu wird der Ton mehrmals auf dem Tisch aufgeschlagen, zu einer Kugel geformt und anschließend je nach Wunschgröße flach gedrückt. Es empfiehlt sich eine Modellierscheibe als Unterlage zu verwenden, damit der Ton während der Bearbeitung nicht auf dem Tisch fest kleben kann. Ist die Grundlage geschaffen, kann mit dem Aufbauen des Tongefäßes begonnen werden.

Der erste Schritt beinhaltet das Formen grober Tonstränge. Die Länge einer Wulst sollte nicht wesentlich breiter sein als das Maß der sich berührenden Daumen bei ausgespreizten Händen (vgl. BIRKS 1983, S. 100). Anschließend werden die Wülste unter den Handflächen oder den Fingern durch Vor- und Rückwärtsbewegungen gerollt. Die Tonschlangen sollten möglichst gleichmäßig breit und rund sein, um ein optimales Gesamtbild erreichen zu können. Die erste Tonrolle wird auf den Rand des Bodenstückes gelegt und mit dem Daumen von innen fest angedrückt. Sobald man drei bis fünf Tonwülste aufeinander gelegt hat, wird mit den Fingerspitzen oder einem Modellierhölzchen die Innenseite zu einer glatten Fläche verstrichen (siehe Bild 1). Während des Verstreichens wird mit der anderen Hand von außen gegengehalten, um eine ungewünschte Verformung zu vermeiden. Die Außenseite kann bei Bedarf ebenso glatt gestrichen werden. Die Höhe (Anzahl der Tonwülste) und Form des Wulstgefäßes kann wunschgemäß gestaltet werden (siehe Bild 2); auch eine Veränderung während des Aufbauens ist möglich. Bei einer nach oben hin breiteren Form werden die Wülste etwas nach außen versetzt auf die vorhergegangene Wulst gelegt. Allerdings ist darauf zu achten das Gefäß nicht zu stark auszuweiten, denn die Wandung gibt nach außen hin sehr leicht nach und im schlimmsten Fall kommt es zu einem Einsturz (vgl. BIRKS 2005, S. 72).

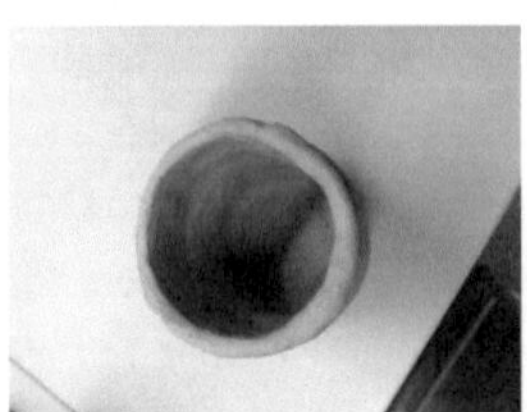

Bild 1: Glatte Innenfläche

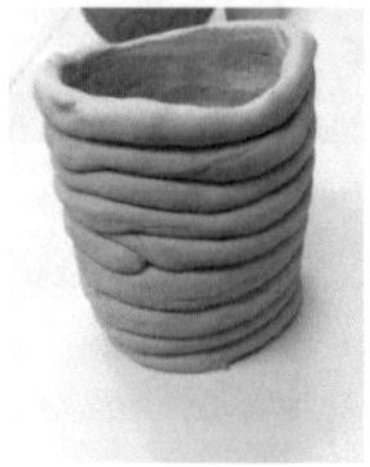

Bild 2: Beispiel eines Gefäßes
aus Tonwülsten

Des Weiteren besteht die Möglichkeit dekorative Effekte bei dieser Technik zu erzielen. Einen welligen Rand auf der Oberfläche, integrierte kugelförmige Tonelemente oder nur vereinzeltes Glattstreichen der Außenseite sind individuelle Beispiele von Dekorationsmöglichkeiten. Getrocknete Werkstücke, die aus der Arbeit übrig geblieben sind, können zur Wiederaufbereitung gesammelt werden und bei einem erneuten Bedarf, mithilfe des Tonschneiders, wiederverwendet werden. Für die nächsten Arbeitsschritte, muss das endgültige Objekt gut getrocknet sein.

2.2 Der Schrühbrand

Das gut ausgetrocknete Gebilde ist vor dem Brennen besonders leicht zerbrechlich, daher muss es behutsam behandelt werden. Bei dem sogenannten Schrühbrand, wird der Ton bei einer Temperatur um die 900°C das erste Mal gebrannt. Dabei wird das Gefäß im Ofen verfestigt, damit der Ton sich weder in Wasser auflösen noch die Form verlieren kann. Dieser erste Brand geht üblicherweise dem Glasieren voraus (vgl. PFANNKUCHE 1986, S. 273). Der Aufheizvorgang muss langsam geschehen, da der getrocknete Ton noch einen gewissen Wasseranteil, der beim Brennen verdampft, aufweist. Bei einem zu schnellen Aufheizen besteht das Risiko, dass einzelne Teile des Tones absprengen (vgl. COSENTINO 1991, S. 21).

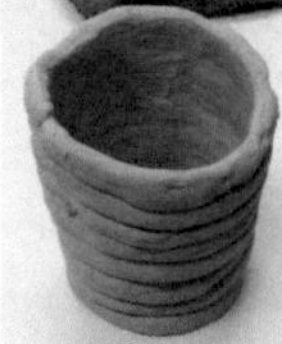

Bild 3: Gefäß nach dem Schrühbrand

2.3 Die Glasur

Nach dem Schrühbrand kann mit dem Glasieren des Gefäßes begonnen werden. Eine Glasur ist ein glasiger Überzug, der nach dem Brennvorgang dauerhaft auf der Keramik haften bleibt (vgl. BIRKS 1983, S. 67). Einige Möglichkeiten des Auftragens sind das Besprühen oder Aufspritzen der Glasur, das Aufmalen mit dem Pinsel oder das Eintauchen und Übergießen (vgl. BIRKS 2005, S. 15). Letzteres wird im Folgenenden näher betrachtet. Das gewulstete Gefäß wird zuerst mit der Innenseite in den Glasureimer eingetaucht, so besteht die Möglichkeit überlaufende Glasur auf der Außenseite zu entfernen. Dabei wird die Glasur zur Hälfte in das Gefäß aufgenommen, kurz gedreht um überall gleichmäßig hinfließen zu können und schließlich ausgegossen. Die Außenseite der Form wird ebenfalls durch Eintauchen in den Eimer glasiert, in dem es möglichst weit am unteren Boden festgehalten wird. Der Boden muss unglasiert bleiben, um ein mögliches Festbacken beim Brennen zu umgehen. Glasuren trocknen in Minutenschnelle, deshalb müssen vorhandene Fingerabdrücke schnell verstrichen werden. Während der Trocknungsphase sollten die glasierten Objekte nicht berührt werden, versehentlich hinterlassene Spuren sind im Nachhinein schwer zu beseitigen (vgl. BIRKS 1983, S. 72ff). Nach vollständigem Austrocknen kann das glasierte Gebilde in dem Brennofen, für den anschließenden Glattbrand, bereitgestellt werden.

2.4 Der Glasurbrand

Bei dem zweiten Brand findet eine Verschmelzung von Glasur und Gefäß statt. Anders als beim Schrühbrand ist beim Einräumen in den Brennofen besonders darauf zu achten, dass es zu keiner Berührung der Waren kommt, ansonsten verschmelzen die Glasuren zweier Stücke ineinander. Die Ofentemperatur beträgt je nach Glasur zwischen 900°C und 1.400°C (vgl. COSENTINO 1991, S. 22). Bei meinen verwendeten Glasuren wird mit 1.080°C gebrannt, also etwas höher als bei dem ersten Brand. Der Glasurbrand wird auch Glattbrand genannt, denn nicht nur glasierte Objekte sondern auch die mit Engoben bemalten Gefäße werden in diesem Ofen verglast.

3. Persönliche Reflexion über das Gestalten mit der Wulsttechnik

Meine eigenen Erfahrungen in der Tongestaltung mit der Wulsttechnik, werden in den nachfolgenden Sätzen reflektiert. Das Resultat meines Wulstgefäßes (vor dem ersten Brand) ist auf den Bildern 1 und 2 in dem Gliederungspunkt 2.1 zu betrachten.

Der Anfang meines Gestaltungsprozesses bestand darin ein passendes Bodenstück zu formen. Hierzu habe ich ein Stück des Tonklumpens abgetrennt und mehrmals auf dem Tisch aufgeschlagen. Eine klare Vorstellung der Form hatte ich zu Beginn noch nicht, das Gefäß sollte aber keinesfalls zu breit werden. Also versuchte ich einen möglichst im Durchmesser kleinen nicht zu dünnen Boden zu erreichen. Für eine gleichmäßig runde Form nahm ich mir eine Tasse zur Hilfe. Bei diesem Prozess ist mir aufgefallen, dass das Einschätzen der benötigten Tonmenge für eine bestimmte Größe schwierig ist. Das Gestalten wird um einiges erleichtert, wenn man eine Modellierscheibe oder ein Holzbrettchen als Unterlage verwendet, denn das ständige Festkleben des Materials kann sehr frustrierend sein. Bei dem nächsten Arbeitsschritt, das Anfertigen der Tonwülste, kam erneut das Problem der Mengeneinschätzung auf. Je mehr Ton desto schwieriger wurde das Ausrollen. Eine gleichmäßig dicke Wulst zu rollen, fiel mir anfangs nicht gerade leicht. Die erste Tonrolle war viel zu lang, so dass ich bei den weiteren Versuchen etwas weniger Material nahm. Die Fortschritte waren nach kurzer Zeit deutlich zu erkennen. Das langsame Aufbauen des Gefäßes hat mir persönlich viel Freude bereitet, da es doch besser ging als erwartet. Das Glattstreichen der Innenseite gelang mir mit den Fingern am besten, hierbei war es enorm wichtig mit der anderen Hand von Außen gegenzuhalten, ansonsten verformte sich das ganze Gefäß. Bereits nach den ersten Lagen habe ich mich entschieden eine gerade verlaufende Form zu gestalten, um später Stifte darin aufbewahren zu können. Wenn ich mein gewulstetes Gefäß kritisch betrachte, sind die ungleichmäßig dicken Wülste sowie die Gestaltung des oberen Randes verbesserungswürdige Punkte. Grundsätzlich bin ich mit dem Endergebnis sehr zufrieden (siehe Bild 4).

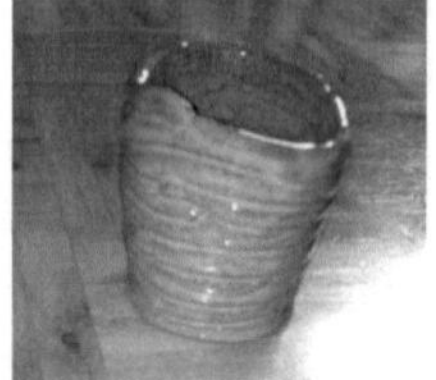

Bild 4: Endresultat

Das Anfertigen der Wülste erfordert Zeit und Mühen, dennoch haben die gewulsteten Gefäße eine sehr verlockende Wirkung, die einen zum Ausprobieren anregen. Während des Gestaltens fühlte ich mich sehr entspannt und durch das Rollen der Wülste kam schnell ein wohltuendes Gefühl in den Händen auf. An meine Grenzen bin ich insbesondere bei der Fehleinschätzung der Tonmengen. Als Anfänger ist der Reiz da möglichst große gewulstete Töpfe oder Vasen zu bauen, doch je höher oder breiter das Gebilde werden soll desto schwieriger wird die Bearbeitung. Mit präziseren Vorüberlegungen würde ich die Wulsttechnik auf jeden Fall ein weiteres Mal anwenden und mit dekorativen Elementen arbeiten sowie eine Steigerung in der Größe/Form wagen.

4. Anwendungsbereiche in der sozialen Arbeit

Die Wulsttechnik ist für Anfänger, unter den vielfältigen Töpfertechniken, eines der besten Verfahren einfache und kräftige Formen aufzubauen (vgl. BIRKS 1983, S. 100). Gefordert wird neben der Konzentration vor allem auch Geduld, daher kann schnell die Lust bzw. der Spaß an der Arbeit verloren gehen. Durch das Aufbauen wird besonders Halt und Struktur vermittelt (vgl. KEß-LER/WIELAND 2005, S. 95). Die Feinmotorik wird weiterentwickelt und es führt zu einem Entspannungszustand während des Gestaltens. Für Kinder die unter ADHS leiden ist es sicherlich zur Konzentrationssteigerung eine gute Therapiemöglichkeit. Allerdings eignet sich insbesondere für das junge Alter eher ein spielerisch-experimenteller Umgang mit Ton, in Form von Figuren und Daumenschälchen erstellen mit anschließendem Bemalen. Das Bewegen der Finger sowie das Ertasten und Fühlen des Materials regt das Denken und zugleich die Kreativität an (vgl. BOSTELMANN/METZE 2004, S. 37ff). Da beim Töpfern wenig Kraft gefordert ist, können ältere Menschen oder Schlaganfallpatienten ebenso erfolgreich mit dieser Technik arbeiten. Daher ist es ein beliebtes Verfahren in der Ergotherapie, um die Feinmotorik der Patienten zu trainieren. Ein sehr guter Anwendungsbereich liegt in dem klinischen oder ambulanten psychiatrischen Bereich. Menschen ohne Halt und Struktur bekommen durch die Aufbautechnik mit Tonwülsten genau diese Komponenten vermittelt. Es können Gegenstände gestaltet werden, die eine besondere Bedeutung erlangen und aus therapeutischer Sicht einen Raum für die eigene Bewusstseinslage des Patienten schaffen (vgl. KEßLER/WIELAND 2005, S. 125). Die Einsatzmöglichkeiten in der sozialen Arbeit sind also sehr vielseitig. Sei es zur Entspannung, zur Förderung der Feinmotorik oder Konzentration, zum Ausleben der Kreativität oder einfach nur für den Spaß und die Lust am Töpfern eines gewulsteten Gefäßes. Durch die Vielseitigkeit des Tones kann er in der therapeutischen Arbeit auf verschiedene Weise eingesetzt werden und vor allem sind damit weder hohe Kosten noch ein großer Aufwand verbunden.

5. Resümee

Das Gestaltungsmaterial Ton weist sehr vielseitige Eigenschaften auf, darunter die Flexibilität und Elastizität. Es ermöglicht individuelles Gestalten und regt die Kreativität an. Sobald man mit dem Material in Kontakt kommt, beginnt eine unmittelbare Bewegung der Hände. Oftmals entsteht bei dem ersten Ertasten des Tones mit geschlossenen Augen eine runde glatte Form und es kommt sehr schnell ein angenehmes wärmendes Gefühl in den Händen auf. Bei dem plastischen Gestalten mit Ton sind keinerlei Vorerfahrungen notwendig, denn es entsteht während dem kneten oftmals von ganz alleine eine Gestalt oder ein Gebilde worüber man sich meistens selbst wundert. Allerdings kann man auch schnell an Grenzen stoßen, wenn das gewünschte Ergebnis nicht erreicht wurde. Mir hat das Gestalten mit Ton und insbesondere das Anwenden der Wulsttechnik sehr viel Freude bereitet und die gesammelten Erfahrungen kann ich in der späteren Arbeit sehr gut einsetzen.

Literaturverzeichnis

BIRKS, TONY (1983): *Töpfertechniken: Eine Einführung.* Bonn: Hörnemann.

BIRKS, TONY (2005): *Faszination Töpfern. Ein Anleitungsbuch für einfaches und anspruchsvolles Töpfern.* 3. Auflage. Bern: Haupt.

BOSTELMANN, ANTJE / METZE, THOMAS (HRSG.) (2004): *Die Töpferwerkstatt für Kinder. Experimentieren und kreatives Gestalten mit Ton.* München: Don Bosco Verlag.

COSENTINO, PETER (1991): *Handbuch der Töpfertechniken. Ein umfassendes Nachschlagewerk von A bis Z mit Schritt-für-Schritt-Anleitungen.* Ravensburg: Maier.

KEßLER, WOLFGANG / WIELAND, ELKE (2005): *Plastisches Gestalten in der Kunsttherapie. Ton, Gips, Holz, Stein. Techniken, Methoden, Einsatzmöglichkeiten.* Dortmund: Verlag modernes Leben.

PFANNKUCHE, BERND (1986): *DuMonts Handbuch der Keramikbrennöfen. Geschichtliche Entwicklung – Bauanleitungen – Brennbeschreibungen.* Köln: DuMont Buchverlag.

BIRKS, TONY (2005): *Faszination Töpfern. Ein Anleitungsbuch für einfaches und anspruchsvolles Töpfern.* 3. Auflage. Bern: Haupt.